AF272493

Umschlagdesign: Hermann Jonas
Email: Hermann-Jonas@T-Online.de
Homepage: http://hermann-jonas.bei.t-online.de

Image "Lightnings" © by Chuck Doswell used by permission
http://webchat.chatsystems.com/~doswell/
Outdoor_Images/OutdoorImages.html

Herstellung:
Books on Demand GmbH, Norderstedt
ISBN 3-8311-4437-0
2002 © Hermann Jonas

Herz Attacken

Hermann Jonas

Wie Die Zeiten,
So Ändern Sich Die Gefühle

Wo Einst Liebe War,
Herrscht Nur Noch Kühle

Nebelschwaden

Nebulöse Nebelschwaden
nebeln nieder nadelfein

Kälte fährt in deine Glieder
überbringt den Totenschein

Stille sucht sich einen Partner
lädt sich ein zum Festbankett

wortlos zerrt sie, schnürt ein Mieder
packt dich leis ins Totenbett

Nebulöse Nebelschwaden
nebeln nieder nadelfein

niemals mehr auf deine Glieder
tanzen um den Totenschrein

Falllust

Von Fall zu Fall

im freien Fall

Falllust im Fall

ersetzt Phallus

Zufall ??

Yesterday Man

Träumst du noch immer
Yesterday Man

vom Glück der Zukunft
schrei as you can

Stairway to heaven
ist nur Fiktion

Frag' "Mind of Seven"
die weiß es schon

Kannst du nicht sagen
es ist vorbei

Dein Rosengarten
war jedem egal

Oh Yesterday Man
schrei as you can

schrei für mich mit

damit jeder weiß
wie tief ich litt

Verfall

Fallbeil

unter

Beifall

ergibt

Verfall

knallfrei

Im Fluss

Wütend peitschen Regengüsse
Tropfen formen sich, als müsse

jeder meinen diese Flüsse

tränkten Wunden, die gerissen
füllten Leere, mit dem Wissen

Wasser muss das Leben küssen

Schlaf Gut

Lass mich deinen Schlaf bewachen
in deinen Träumen bei dir sein

zwischen Tiefschlaf und Erwachen
möchte ich der Einzige sein

Der dich umarmt, im Schlaf berührt
zärtlich deinen Namen ruft

in Gedanken heimlich dich verführt
ständig deine Nähe sucht

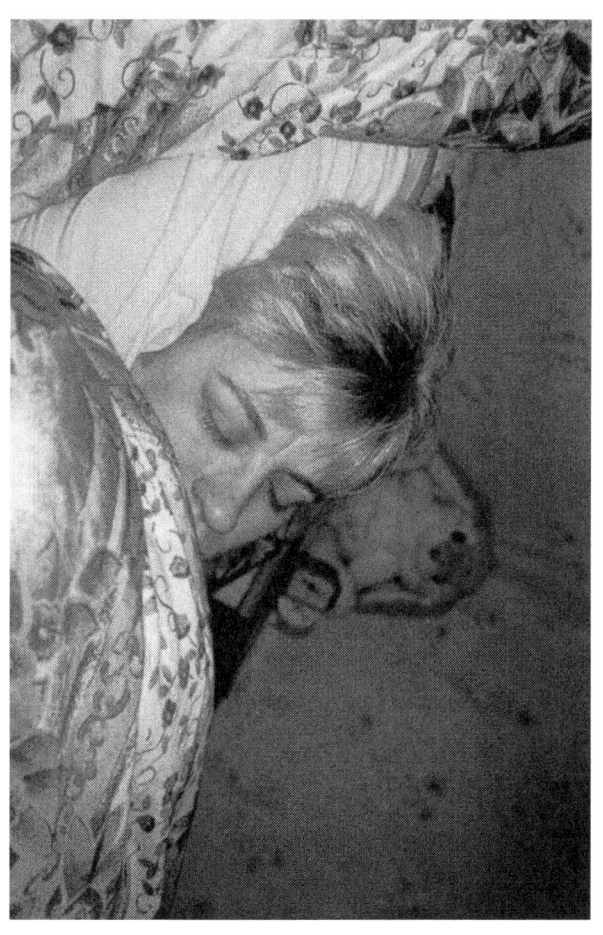

Träume

Träume enden

wenn das Morgenlicht
die Schatten zerbricht

Taumelnde Seelen
ins Leben gezogen

verlassen Räume

real oder nicht

Wanderer
zwischen Welten

träumen aufs Neue

fragen sie sich

Angeber

Dicke Autos, dünne Weiber
selber fett wie Schwein

Blonde Haare, geile Leiber
Hahn im Korbe sein

Mit der Visa nach Pisa
Venedig angerissen

In Monte-Carlo gewonnen
mit falschen Karten beschissen

Heirat und Kinder jeder versprechen
es bleibt nur eins übrig
man muss vor Zuneigung brechen

Räuber

Mmmh
  Oh nöö

Knutsch
  nicht doch

Schleck
  muß das sein

Sabber
  igittigitt

Mundraub !!

Rosen

Schenk mir keine Rosen
wenn ich Liebe brauch

Ein Kuss von deinen Lippen
ist schöner als ein Blumenstrauß

Gebe keine Versprechen
bei Wein und Kerzenschein

Geh nicht mit mir essen
ich möchte deine Speisekarte sein

Du musst mir nichts beweisen
jeden Wunsch erfülle ich dir

Zeige nur deine wahren Gefühle
und sei ehrlich in deiner Liebe zu mir.

Eichenholz

Sein Wort war so stark
wie Eichenholz

Erhobenen Hauptes
und furchtbar stolz

Seiner Liebe gewiss
im Herzen lodernd

Graue Tage vorbei
nun endlich vermodernd

Und aus heiterem Himmel
vernimmt sie die Worte

"Ich breche den Schwur"

allein

an einem anderen Orte

Tränen fließen
bilden Meere

Eis wird ihr Blick
endlose Leere

ausgeraubt

seinen Worten geglaubt

Mit ihrer Seele

 - auf ewig -

vereint zu sein

das hat er geschworen
nun ist sie allein

Raketen

Raketen fallen
wie Blätter von den Bäumen

sterben schwingend
singen Sirenen Duett

fächeln Luft
die den Atem zerreißt

zerfetzen Träume auf Geheiß

Von Herzen aus Stein
lachend begraben

winken Freunde aus den Gräbern

Die Sonne gefriert vor Heldentaten

Schreie ersticken dein Herz

Mein Gott Dein Gott

Mein Gott, Dein Gott
ich kann es nicht mehr hören

Jede Religion ist gläubig
und alle tun es schwören

Auf Toleranz und Liebe
einig mit dem Sein

Ein Leben nach dem Tode
der Himmel ist so rein

Überzeugungstäter
schlachten einander ab

Durch Gottes Wille
kommst du in ein Grab

Religion ist tödlich
kann nicht mal Leben beschützen

Auch wenn du fest glaubst
es wird dir nichts nützen

Space Love

Ein Raumanzug
in sich selbst verliebt

lässt die Luft raus
weil er alles gibt

Sich selbst zu spüren
vereint zu sein

sich zu verführen
kann er allein

Befreit von allem
schaut er sich an

fängt an zu lallen
denkt "Mann-O-Mann !"

Es war ihm klar
die Liebe zu sich

so wunderbar
endet oft tödlich !

Sehnsucht

Nur wer die Sehnsucht kennt
weiß

wie Gedanken schmerzen

Unerfüllte Wünsche
erheben sich

zu einem Altar aus Kerzen

Folgst du dem Schein
in das erreichte Nichts

wird Lebenssaft verbrannt

Dein Willen wird schwächer
die Sehnsucht noch größer

bist in einen Teufelskreis gerannt

Gemeinsam Einsam

Einsam, gemeinsam
totschlagen die Zeit

Verleben, überleben
keiner ist bereit

sich zu bemühen, verglühen
im tatenlosen Drang

für Bereitschaft und Leidenschaft
wie einst die Liebe sang

Melodien geliehen
aus der Vergangenheit

fliehen und ziehen
in eine andere Wirklichkeit

Erschreckt und verschreckt
grinst die Zukunft entgegen

Verrissen, zerschlissen
habe mein Leben vergeben

Midlifecrisis

Eine Midlifecrisis ist auf Freiersfüßen
sucht freies Feld für jeden Schuss
die Brieftasche und die Hormone lassen grüßen
mit seinem alten Leben ist nun Schluss

Fühlt sich endlich frei, wie ein Vogel im Wind
gibt seiner Frau noch einen letzten Kuss
verabschiedet sich auch von seinem Kind
weil er ein neues Leben angehen muss

Er nimmt alle - möglichst jung, egal ob blöd
gern aufgeblähte Busen
Seine Frau war ihm schon immer zu öd
jetzt kann er endlich schmusen

Angeblich Versäumtes wird schnell nachgeholt
den zweiten Frühling genießen in vollen Zügen
seine Gefühle sind nun völlig verpolt
vor allem lernt er sich selber betrügen

Was er ahnt, aber überhaupt nicht wissen will
einen alten hässlichen Mann ohne Matte
nimmt keine Frau mit etwas Stil
es sei denn er ist prominent, oder er hat viel Patte

Klick

In Worte und Spiele aneinandergereiht
gestolperte Prosa zur Schlacht bereit

Verse in Bände gedichtet zerquetscht
Entsetzen in sich und andere versetzt

Antizyklische Gefühlskaskaden
des Dichters Fenster und Fassaden

blenden Größe unendliches Sein
spiegeln wider mehr als Schein

Ungeküsst verschläft die Muse
verkühlt verendet auf der Strecke

Gedanken geschachtelt ins Abstruse
Gefühle geschleimt gemacht zur Schnecke

unberührt sie nicht verzeiht
der ohne Gunst und Können gefreit

Arbeits – Lose

Lose Lose - Arbeitslose
wer will noch mal, wer ist noch nicht
im „Freizeitpark" mit Badehose
oder vor dem Arbeitsgericht

Dumm, der nicht will den Tag genießen
frei von Zwängen Blumen gießen
beim Kaffee in Sozialamtsgängen
das „Süße Leben" voll abhängen

Und wer gestresst vom Müßiggang
vor lauter Spaß vielleicht auch krank
die Arbeitslosigkeit verflucht
sich schnellstens wieder Arbeit sucht

Denn er weiß durch Freundes Rat
wer Arbeit will, auch Arbeit hat

Reim Dich

Reim dich Reim
schüttel dich

Schüttelreim
schüttel mich

Nichtig und klein
dein Denker-Reim

Diffuses Leben
kann kein Reim sein

Von vorne (von wo sonst?) fängt man an, das Gedicht zu lesen, und am Ende der acht Zeilen fängt man in umgekehrter Richtung an nachzudenken. So ist es wenigstens mir ergangen, als ich dieses kurze Gedicht von Hermann Jonas gelesen habe.

Bei ihm (beim Schreiben) muss die Prozedur anders ausgesehen haben. Vielleicht hat er mit einer Reim-und-Metrum-Übung angefangen.

Die ersten zwei Strophen sind gleich aufgebaut. Und die jeweils drei Silben pro Vers folgen dem gleichen Metrum (X x X - betont, unbetont, betont). Und durch den Reim sind die beiden ersten Strophen zu einer Einheit verklammert.

Bis hierhin ein kleines, aber virtuoses Formspiel, ändert sich der Charakter des Gedichts mit der dritten Strophe. Und die vierte und letzte Strophe - mit der dritten wiederum eine Einheit bildend - fällt scheinbar aus dem Rahmen. Denn "Leben" reimt sich nicht auf "klein", "Reim" oder "sein".

Und das entspricht in schönster Form-Inhalt-Beziehung der "Botschaft" des Gedichts: Weil "diffuses Leben" kein virtuoses Formspiel sein kann, weil es sich nicht reimt, sprengt die Zeile den vorgegeben Rahmen. Sprengt sie den Rahmen und sprengt ihn zugleich auch nicht.

Der kleine, "nichtige" Denker-Reim zeigt zumindest zweierlei: dass es erstens nicht möglich ist, reales "diffuses" Leben in die gedachte strenge Ordnung eines "klassischen" Gedichts zu bringen, und zweitens, dass es sehr wohl möglich ist, diese Unmöglichkeit in Form eines Gedichts zu beschreiben.

Und das ist, worauf's ankommt. Und das ist, was mich an diesem Gedicht fasziniert, das man zugleich für sehr ernst und für ausgesprochen humorig halten kann.

-

Kommentar von Johannes Kühnle, Herausgeber der Internet-Zeitschrift www.kandlaber.de für spätpostmoderne satirisch-humoristische Poesie und Prosa.

Bilder

Besinnliche Bilder bewegen beim Betrachten
beschönen bewundern beklagen bedauern
beleben Bewusstsein betäuben belasten
bieten Brücken betrügen beugen belauern

Bildlich behaftet brillant beklommen
betriebene Bestechung brav bekommen
bewegte Berechnung blauäugig beäugt
Betrachter benommen bereits betäubt

Bravo! bestochene Bürger betört blechen
bleiben betreiben beschreiben bestechen

brauchen Bargeld, bei Banken brutto borgen

Besitzer bezahlen, benötigen Bilderrahmen
beschaffte Berühmtheiten Beziehungen bahnen

betuchte Bekannte befürchten Brille besorgen

Dichter am Boden

Dichter am Boden

Richter verdichtet

Richter verschroben

Dichter gerichtet

      -

Richter am Boden

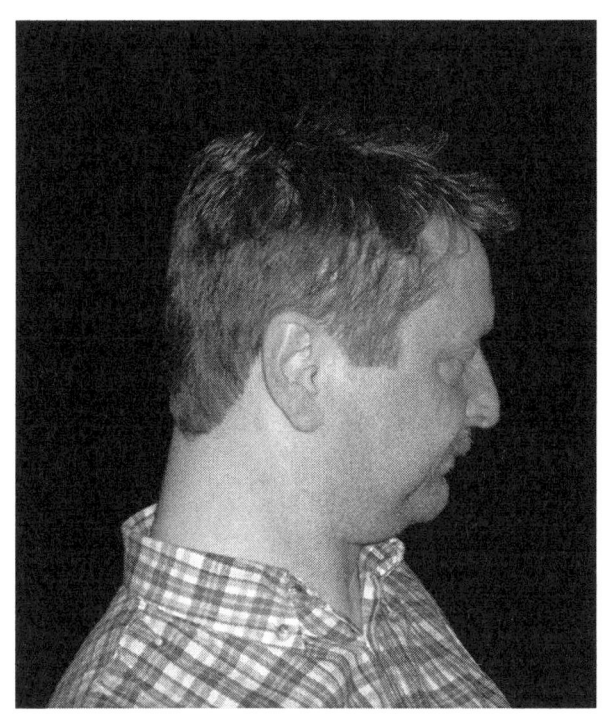

Dichter und Richter

richten und dichten

-

manchmal verlogen

Lärtse (ein Akrostichon)

Lese richtig und genau

Ärger dich nicht grün und blau

Rate stark und gib' nicht auf

Traue dich, dann kommst du drauf

Stell mich um zu einem Sinn

Es gibt keinen Hauptgewinn

Herzensgedanken

Herzensgedanken
in den Raum gestellt

niedergeschrieben
von der Welt verbellt

bluten mehr
als vor sich hingedacht

ach, hätte ich es doch niemanden erzählt

warum nur ?
warum habt ihr gelacht

September

Spürst du den Septemberwind
kündigt kalte Zeiten an

Regen tränt dir ins Gesicht
Herzen rasen simultan

Hörst du wie der Frieden bricht
sterbend nach Vergeltung schreit

Übrig bleibt nicht, wer gewinnt
Sieger ist doch nur das Leid

Twin Towers

Jeder hat es mitbekommen und gefühlt, als
die Erde uns packte und sagte: "Ihr seid hier,
ihr seid auf mir und glaubt ja nicht, dass ihr
davon laufen könnt. Und wenn ihr noch nicht
einmal ein Zusammenleben auf meiner Erde
zustande bringen könnt, dann braucht ihr auch
nicht zu den Sternen greifen".

Da saßen wir nun, vor dem Radio oder vor
dem Fernseher und die Bilder und Worte der
Katastrophe brannten sich in unser Gehirn, --

nun wussten wir, daß das Leben nach dem
11. September 2001 anders sein wird,
als jemals zuvor.

Das folgende Gedicht entstand nicht, um aus
einer Aktualität Profit zu machen, es entstand
auch nicht um es Konsulaten, Behörden, oder
Zeitungen zuzusenden, und zu sagen:
„Hey, ich kann dichten !!!".

Nein, es entstand weil Dichter ihre Gefühle
niederschreiben müssen.

Es entstand aus tiefster Betroffenheit.

Die Körper umschlungen
die Leiber verbrannt

die Seele zu Gott
und den Teufel verbannt

In Hoffnung auf
den ewigen Frieden

sind sie gegangen
ihre Körper geblieben

Der Traum vom Frieden,
vom gemeinsamen Leben

ist von Stahl und Beton
von Feuern umgeben

Ihr seid auf ewig gefangen -
gefangen in dem Blick unserer Augen

tief eingetaucht -
ganz tief eingetaucht in unsere Tränen

wir sind fassungslos - benommen -

keiner kann die Tat glauben

und im Himmel -

verzweifelt die Götter
sich des Menschen schämen.

-

Statt Frieden durch Glauben,
und Menschen mit Herz

brachten sie Hass, die Mörder,
unendlichen Schmerz

Zwei Augen

Ich musste schon lange hier sein, jedenfalls meinte
ich, das aus dem Reden der Leute, die mich ab
und zu besuchen kamen, heraushören zu können.

Mein Nachbar schweigt mich an. Wahrscheinlich
wollte er mir nicht erzählen, wie schwer es um
mich steht.

War ich im Koma?? Oder bin ich noch im Koma,
ich konnte nichts erkennen.

Ja ! Ich muss im Koma gelegen haben, ich erinnerte
mich an die Worte " ich denke, also bin ich",
also bin auch ich !!

- Wie könnte ich sonst über das Koma nachdenken.

Ich konnte mich auch nicht an mich selbst erinnern,
wer ich war und wo ich herkam, wahrscheinlich
hatte ich einen Unfall.. mit Gedächtnisverlust, so was
soll es geben.

Mein Gedächtnis würde schon wieder kommen,
beruhigte ich mich, und meine Augen würden auch
bald wieder sehen können.

Etwas erleichtert über meine eigenen Feststellungen
und darüber, dass ich überhaupt in der Lage war,
welche treffen zu können, schlief ich ein.

Und wenn nicht ??

war mein erster Gedanke, als ich wieder wach wurde.

Panik stieg in mir auf, ich hatte Angst, blind zu sein,
nie wieder sehen zu können.

Ich konnte mich auch nicht erinnern, wie es war,
sehen zu können, ob es schön oder ob es besser war,
nichts zu sehen.

Das ist es, dachte ich so bei mir, deswegen redet
keiner mit mir, ich bin blind und keiner will es mir
erzählen.

Ich nahm meinen ganzen Mut zusammen und fragte
meinen Nachbarn, was mit meinen Augen los wäre.

Ich erzählte ihm über meine Angst, nie wieder sehen
zu können, dass es schrecklich ist, weil alles so
dunkel ist.

Etwas unwillig antwortete dieser, dass er es mir auch
nicht beschreiben könne und ich solle ihn zufrieden
lassen.. und außerdem meinte mein Nachbar, dass ich
morgen entlassen werde, entlassen in die Welt, und
dass ich auch bald wieder sehen könne, ich sollte nicht
den Mut verlieren, bald ist es soweit, ein Freund von
mir würde mich abholen kommen, wir würden
spazieren fahren, und bald wäre ich wieder topfit und
könne auch wieder sehen.

Heute soll es losgehen, man will mich abholen für eine Spazierfahrt mit meinem Freund.

Ich war ganz aufgeregt vor Freude, endlich.., aber dann fiel mir auf, dass ich mich auch nicht an meinen Freund erinnern konnte, da wurde ich wieder traurig, am liebsten hätte ich geweint und verfiel ins Grübeln.

Was ist tief, fragte ich mich, kann man tief sehen ? Ist es tiefer als von meinen Augen bis zum Boden oder ist es noch tiefer.

Wie fühlt sich tief an, wenn man es sieht ?.

Da kam mein Freund und holte mich ab. Und wie versprochen, machten wir eine Spazierfahrt.

Mir wurde auf einmal ganz warm. Sonne-, das muss Sonne sein , Sonne wärmt, Sonne lässt Leben erblühen, Sonne ist hell und .. ach ja, Sonne kann man sehen.

Allmählich wurde mir die Spazierfahrt zu lang und ich spürte, wie meine Haut immer kälter wurde, schade - dachte ich, ich hätte so gerne die Sonne gesehen.

Und dann war es soweit, ich wollte es erst gar nicht glauben, aber meine Augen öffneten sich ganz lang- sam und ich begann zu sehen.

Endlich..

Dankbar vor soviel Glück, wieder sehen zu können, nahm ich mir vor, mir alles genau einzuprägen, falls, aber nur falls ich einen Rückschlag erleiden würde, dann könnte ich davon zehren und meinem Nachbarn könnte ich auch alles erzählen.

Noch ganz benommen von so viel Licht bemerkte ich, wie die Bilder immer klarer wurden, ich konnte schon die Straße erkennen und ganz am Ende der Straße sah ich den Himmel und am Himmel sah ich die untergehende Sonne.

Ich fing an zu jubilieren und wollte nun unbedingt auch die Gegenstände rechts und links von der Straße in mich hineinsaugen.

Da fing mein Freund an zu fluchen, schimpfte mit mir über soviel Unvernunft und schrie mich an, ich sollte doch auf der Straße bleiben.

Aber das interessierte mich nicht, mit aller Macht versuchte ich nach links und nach rechts zu schauen, bis die Bilder zu tanzen anfingen.

Sie tanzten so stark, bis mir schwindelig wurde und plötzlich sah ich sie, die Tiefe !!

Ich riss meine Augen ganz weit auf, ich wollte jeden Augenblick festhalten, nichts vergessen.

Das ist also tief, ein riesiger Mund zwischen den Bergen, der immer näher kam.

Das Ende des Mundes konnte ich noch nicht
erkennen, aber ich würde abwarten, mal sehen,
wie tief Tief ist, und ich war ganz gespannt,
ob man Tiefe auch schmecken kann.

Ich hörte noch, wie aus der Ferne, meinen Freund
schreien, bis..

Ich musste schon lange hier sein, jedenfalls meinte
ich, das aus dem Reden der Leute, die mich ab
und zu besuchen kamen, heraushören zu können...

Freier Fall

Schon wieder!

Mit diesen Worten hastete unser Vorgesetzter in den Konferenzraum und knallte seine Unterlagen auf den Tisch. Die Art und Weise, wie er das Wort „schon" phonetisch in die Länge gezogen hatte, ließ seine Verzweiflung spüren und nichts Gutes erahnen.

„Ich versteh das nicht!", brüllte er. „Wir haben doch alles richtig gemacht! Wie können die uns das antun!"

Unsere Blicke suchten seine auseinander gebreiteten Unterlagen oder wanderten zur Sonne, die mit geballter Faust durch die stark abgedunkelten Fenster schien, nur um ihm nicht in die Augen schauen zu müssen. Ja, wir haben alles richtig gemacht, aber was zur Zeit ablief, konnte sich keiner erklären, und diesem Erklärungsnotstand wollte jeder durch visuelle Abwesenheit ausweichen.

„Das Projekt ‚Life-Saver' ist gestorben", sprach er weiter. „Wir haben nur Verluste."

Da war uns klar, was „schon wieder" passiert war, ein „Freier Fall" hatte stattgefunden. Ein „Life-Saver-Raumschiff" war wieder mit Absicht ungebremst in die Erdatmosphäre gerast. Die Insassen hatten, wie zuvor schon andere, ihre Bremsraketen einfach abgeschaltet.

„Life-Saver", was für ein bescheuerter Name, dachte ich so bei mir, man hätte es wohl eher „Free Fall" nennen sollen, der Name würde jedenfalls den tatsächlichen Gegebenheiten Rechnung tragen.

Dabei war das Projekt von der Idee her so einleuchtend, und keiner, auch ich nicht, verstand, was die Insassen in den Selbstmord trieb.

Die Versuche, mit Lichtgeschwindigkeit oder „mehr" zu reisen, schlugen nun schon seit mehreren Jahrzehnten fehl. Normalerweise wäre das gar kein Grund zur Panik gewesen, aber allmählich wurde es ernst auf der Erde. Nicht etwa wegen der Umwelt, der Ernährung oder der Bevölkerungsanzahl, nein – schuld war die Sonne. Sie brannte zwar brav wie eh und je, sie würde es auch noch ein paar Milliarden Jahre machen, aber sie brannte einfach zu nah.

Das, womit keiner gerechnet hatte, war geschehen: Ein Riesenkomet, was heißt hier Komet, ein Riesenplanet, stürzte aus den Tiefen des Weltalls auf die Erde zu. Alle hatten sich schon mit der Vernichtung der Erde abgefunden.

Ich kann mich noch genau erinnern, als in den News die Meldung kam, der Planet würde die Erde nicht treffen, er würde vorbeiziehen. Mann, wie haben wir gefeiert!

Die ganze Erde schwankte vor volltrunkenen Menschen, und sie drehte sich, als würde sie tanzen und auch froh über diese Nachricht sein. Millennium war dagegen ein Sturm im Wasserglas gewesen.

Am nächsten Tag erwachten wir aus dem Koma, und wer nicht mehr betrunken war, war es zumindest vor Glück.

Ja, sie haben uns einen Tag feiern lassen, weil sie sich nicht 1000-prozentig sicher waren, aber heute, da waren sie es.

Der Planet würde nicht die Erde, sondern die Sonne treffen. Sie wie bei einem Billardspiel aus der Bahn stoßen, der Abstand der Erde zur Sonne würde sich verändern, aber wie weit oder wie nah wir demnächst um die Sonne kreisen würden, das konnte mal wieder keiner sagen.

Im günstigsten Fall würde sich unser Wetter ein bisschen verändern, im schlimmsten Fall würden wir der Sonne so nahe kommen, dass wir verbrennen. Im Prinzip würde der Komet die Geschichte der Erde nur um ein paar Milliarden Jahre verkürzen, gemessen an der Geschichte des Universum sogar unbedeutend verkürzen.

Da entstand sie, die Idee, das Projekt „Life-Saver".

Die Grundidee war, gentechnisch veränderte Menschen in 4er- oder 8er-Gruppen in sogenannten Autodetect-Raumschiffen zu erdähnlichen Planeten außerhalb unseres Sonnensystems zu schicken.

Die Bedingung „erdähnlicher Planet" sollten die Autodetect-Raumschiffe selbstständig prüfen und, bei erfolgreicher Prüfung eines solchen Planeten, diesen auch ansteuern. Sieben Tage vor der Landung würden die Menschen aus dem künstlichen „Tiefschlaf" erwachen und hätten dann genug Zeit, sich für die Landung vorzubereiten.

Gedacht, getan.

Es wurden gentechnisch erzeugte Retortenbabys in riesigen Culture Cages untergebracht. Diese „Aufzucht-" oder „Kultur-Käfige" versorgten die im Tiefschlaf heranwachsenden Körper mit allen notwendigen Stoffen. Der Vorteil dieser gentechnisch erzeugten Retortenbabys war, dass sie ihr Wissen nicht mehr erlernen mussten. Sämtliches Wissen der Erde wurde in gentechnische Informationen umge-wandelt und vererbbar gemacht. Jeder dieser Menschen war ein Wissenschaftler, Dichter, Arbeiter, Denker oder Einzelkämpfer.

Alles gleichzeitig, eine Superrasse.

Diesen Schritt hatte man auf der Erde nicht gewagt zu gehen, aus ethischen Gründen, so sagte man, aber wer ehrlich war, wusste, dies geschah aus Angst, aus Angst davor, dass diese Menschen keine „normalen" Menschen neben sich dulden würden. Der Teufel bei dem Projekt „Life-Saver" steckte natürlich wieder im Detail. Die Sensorenreichweite der Raumschiffe war wohl zu gering oder, anders gesagt, nach dem Verlassen unseres Sonnensystems hatten die Autodetect-Raumschiffe unsere Erde als erdähnlich eingestuft und steuerten diese an, jedenfalls vermuteten wir dies. Ein Abbringen von ihrem Kurs war auch nicht möglich, die Raumschiffe waren autark konzipiert und gebaut worden, niemand sollte diese Schiffe beeinflussen können.

Und nun fielen sie in der Regelmäßigkeit ihres Starts um Jahre verzögert vom Himmel - im „Freien Fall".

Aber warum unternahm die Besatzung nichts? Schließlich wachten sie Tage vorher aus ihrem Tiefschlaf auf. Und warum, verdammt noch mal, schalteten sie die Bremsraketen aus?

Es gab keinen Funkverkehr, sie antworteten nicht, stürzten sich einfach kommentarlos auf die Erde.

Die Erde würde doch noch einige Jahrzehnte überleben, und sie, sie wären Wissenschaftler, Denker, Dichter, Philosophen, alles was man sich nur vorstellen kann, und alles auf einmal.

Warum kam einer nach dem anderen runter ... im Freien Fall?

Wir hatten doch alles richtig gemacht!
Wie konnten sie uns das nur antun?

Titelverzeichnis

Bild: Meine Frau Harriet,
    der ich dieses Gedicht gewidmet habe.

Ich bedanke mich recht herzlich für das Lektorieren meiner Gedichte und Kurzgeschichten bei:

Angela Auer http://www.angela-auer.de
Barbara Jung http://www.bejot.de

Vielen Dank auch an Andreas Hauerwaas , Babette, Eva-Maria, Petra und Sabine.

Hermann Jonas, geboren am 7.1.1958 in Hamburg-Altona.

Nach dem Motto "warum einfach wenn es auch schwierig geht" erkrankte ich 1959 gleichzeitig an Kinderlähmung und Hirnhautentzündung, natürlich bevor die Schluckimpfung erfunden wurde.

Um anderen dasselbe Schicksal zu ersparen hat das Bundesgesundheitsministerium in den siebziger Jahren in diversen Fernsehspots mit dem Slogan Schluckimpfung ist süß - Kinderlähmung ist grausam mit meinem Konterfei für die Teilnahme an der Schluckimpfung geworben.

Ständig begleitet von Operationen und den damit verbundenen Bettruhezeiten, absolvierte ich die Körperbehindertenschule bis Ende 5 Klasse, und nachdem ich mit einer Sondergenehmigung des damaligen Schulsenators auch auf ein Gymnasium durfte (für normale Kinder), beendete ich meine Schullaufbahn mit dem Abitur.

Von körperlichen Aktivitäten zeitlebens
zwangsmäßig befreit
ist der Griff zu Büchern nicht mehr weit

vielleicht daher der Wunsch etwas zu schreiben
den Menschen irgendwie in Erinnerung zu bleiben

Das schwere Leben nicht umsonst gelebt zu haben
(es gibt wirklich viel schwerere)
um in meiner Art anderen Menschen zu sagen

Das Dasein ist schwierig,
   doch manchmal es sich lohnt

          -

Steht wieder auf,
   auch wenn es noch härter kommt

Zwei Hände

Zwei Hände die sich Feuer geben
Zwei Hände die nach Liebe streben

Zwei Hände die sich heimlich streicheln
Zwei Hände die sich heimlich schmeicheln

Zwei Hände sagen guten Tag und Ade
Zwei Hände tun sich einander weh

Mein Herz

Endlich bist du da, mein Glück
mein Herz bricht vor Freude
du gabst mir mein Lachen zurück

Wenn du mich berührst und zärtlich küsst
bricht mein Herz vor Liebe
ich habe dich so unendlich vermisst

Bist du manchmal nicht bei mir
dann bricht mein Herz vor Sehnsucht
ich habe Angst, daß ich dich verlier

und wenn Du sagst, " Ich liebe dich "
springt mein Herz vor Glück
verzaubert hast du die Welt für mich

Solltest du mich jemals verlassen
bricht mein Herz entzwei
ich werde dich dann auf ewig hassen

Wie die Sonne

So wie die Sonne,
nach jeder Nacht

den Tag erwacht
mit heißer Glut

pulsiert aufs Neue für dich mein Blut

Des Tages schwere Last
die mir so sehr verhasst - verblasst

durch ein Lächeln von dir
zu mir

Stimmen zum Buch

Ich habe Hermann Jonas über meine Literatur-Website www.amhorizontdersonne.de kennen und schätzen gelernt.

In seinem nun veröffentlichten Gedichtband Herzattacken greift Herman Jonas immer wieder bewusst Themen auf, die mitten aus dem Leben gegriffen sind. Ob Midlifecrisis, Religion, Arbeitslosigkeit oder sogar Zukunftsvisionen – nichts entgeht der scharfen Feder des Autors.

Gedankenvoll und feinfühlig setzt er sich unter anderem mit dem Anschlag am 11. September 2001 in New York auseinander.

„Herzattacken" ist ein sehr nachdenklicher und kritischer Gedichtband, in dem Hermann Jonas, das was er sagen will, mit ausgewählten Worten auf den Punkt bringt!

Apropos gut gewählte Worte. Herman Jonas schreibt nicht nur gut, er ist auch ein guter Moderator. In seiner Sendung „Feedback" im Offen Kanal Hamburg bietet er seinen Zuhörern ein abwechslungsreiches Programm aus dem breiten Spektrum der Literatur.

Katharina Remy